Direction de l'Intendance militaire; Bureau des vivres. — N° 169.

Instruction sur les moyens de donner à l'alimentation dans l'armée un caractère rationnel.

Paris, le 19 juillet 1909.

L'alimentation des corps de troupe, pour maintenir l'homme en bon état de santé et de vigueur, doit satisfaire à trois conditions fondamentales : elle doit être saine, rationnelle, agréable au goût.

L'alimentation doit être *saine*, c'est-à-dire ne comporter aucune substance susceptible ou seulement suspecte de devenir une cause directe ou indirecte de maladie pour le consommateur; elle doit être exempte de toute denrée capable d'exercer, par suite d'avaries ou de falsification, une action nocive sur l'organisme. Les mesures rigoureuses prises depuis quelque temps, les instructions précises données en vue de la surveillance et de la répression des fraudes alimentaires, ont permis de réaliser cette première condition.

L'alimentation doit être *agréable au goût ;* l'homme de troupe doit pouvoir la consommer, non seulement sans répugnance, mais avec plaisir : c'est à cette condition seulement que les mets pourront exercer dans l'organisme l'action réconfortante et réparatrice qu'on attend d'eux. Les recherches physiologiques ont démontré que la saveur et la bonne préparation des aliments jouent un rôle considérable dans leur digestibilité et leur utilisation par le corps humain : les mets les plus sains et les plus nutritifs par eux-mêmes ne sont tolérés que difficilement par les organes digestifs, s'ils sont fades ou mal accommodés, et si l'excitation des nerfs gustatifs n'est venue solliciter l'estomac et l'intestin au bon accomplissement de leurs fonctions. Veiller à la bonne préparation culinaire des aliments servis à la troupe n'est donc pas faire œuvre de luxe ou de pur agrément : c'est faire œuvre, au point de vue hygiénique, de haute utilité, et même de nécessité. Ces considérations ont trouvé leur forme pratique dans la publication du *Livre de cuisine militaire en garnison* (*Bulletin officiel* du ministère de la guerre, édition méthodique, n° 7 *bis*, Ordinaires, volume arrêté à la date du 22 novembre 1908). Les services rendus par ce formulaire ont permis d'accomplir dans la préparation des ordinaires des progrès considérables, fort appréciés des hommes et de leurs chefs.

L'alimentation doit être enfin *rationnelle*, c'est-à-dire qu'elle doit fournir journellement, à chaque homme, en quantité convenablement déterminée, chacun des groupes de substances chimiquement définies dont l'ensemble constitue les denrées naturelles, et qui existent en proportions très différentes dans ces diverses denrées. Il faut, en outre, que le chiffre des diverses substances à introduire dans la ration journalière soit calculé de manière à fournir à l'homme, au total, une quantité d'énergie potentielle susceptible de couvrir tous les besoins physiologiques de l'organisme, et déterminée en conséquence.

La détermination, sous le rapport de la composition chimique et de la valeur énergétique, de la ration moyenne à fournir à l'homme de troupe, a été comprise au programme des travaux de la commission mixte instituée par dépêche ministérielle du 5 juin 1907, n° 2828.2/5, en vue d'étudier et reviser la ration de vivres de l'homme de troupe. Cette commission, présidée par M. le professeur Armand Gautier, membre de l'Institut et de l'Académie de médecine, composée à la fois de membres militaires et de membres civils particulièrement désignés par leur compétence, a confié à l'un d'eux, M. le docteur L.-C. Maillard, professeur agrégé à la Faculté de médecine de Paris, l'étude physiologique de la ration des ordinaires. S'appuyant d'une part sur les données les plus récentes et les plus précises de la science physiologique, d'autre part sur les résultats d'une vaste enquête alimentaire dans les corps de troupe sur les points les plus divers du territoire, et sur les possibilités d'amélioration que suggère cette enquête, M. Maillard a pu présenter dans son rapport des conclusions qui paraissent entourées des plus sérieuses garanties.

Adoptées par la commission, ces conclusions conduisent à déterminer de la manière suivante la ration journalière *moyenne* la plus favorable à l'homme de troupe dans les circonstances ordinaires de sa vie :

1° La ration journalière doit fournir à l'homme, au total et *en moyenne*, un nombre de calories utilisables compris entre 3,200 et 3,400 ;

2° La ration journalière doit avoir *en moyenne* la composition suivante (évaluée en matériaux *utilisables* par l'organisme) :

Matières protéiques	112-115 gr.
Matières grasses	70- 72
Matières sucrées et amylacées (hydrates de carbone)	500-540

On sait que les diverses substances contenues dans les aliments peuvent se classer, avec une approximation très suffisante pour le but que nous poursuivons, en trois groupes fondamentaux : 1° Les *matières protéiques* ou *albuminoïdes*, riches en azote, indispensables à la rénovation des tissus du corps, sont contenues principalement dans les aliments d'origine animale (viande, lait, fromages, œufs, etc.), puis dans les légumineuses (haricots, pois, lentilles), et dans le pain. 2° Les *matières grasses*, qui accompagnent toujours les précédentes dans la viande, en quantité plus ou moins grande, peuvent aussi être empruntées au règne végétal, soit sous forme d'huiles, soit sous forme de graisses plus consistantes (graisse de coco, par exemple), d'un usage très sain et très avantageux. 3° Les *matières amylacées* (hydrates de carbone), qui n'existent pas dans la viande, sont fournies surtout par les pommes de terre, le pain et les légumes secs. On doit y rattacher le *sucre*, très hygiénique sous toutes ses formes quand il n'est pas ingéré en quantité trop considérable. On peut enfin en rapprocher dans une certaine mesure le *vin*, qui, s'il n'intervient pas dans la reconstitution même des tissus, est, à doses modérées, un pourvoyeur d'énergie.

Les chimistes ont dressé des tables basées sur un grand nombre d'analyses, où l'on trouve la teneur moyenne de chaque espèce de denrée alimentaire en principes nutritifs de chacun des trois groupes : matières protéiques, graisses, hydrates de carbone. Lorsqu'on veut connaître la quantité de matière, réellement utile à l'homme, fournie par un certain poids de la denrée, il faut de plus tenir compte d'une correction résultant de ce que la matière ingérée n'est pas tout entière absorbée par l'organisme ; il reste toujours des résidus intestinaux. La perte globale peut être évaluée, dans le cas d'un régime alimentaire mixte du genre de celui qui est fourni à la troupe, à 10 p. 100 environ. Il faudrait donc, si l'on s'adressait aux anciennes tables de composition chimique brute, augmenter de un dixième environ les chiffres à prévoir.

Mais les tables alimentaires les plus modernes ont soin d'indiquer, non seulement le chiffre brut, mais le chiffre réel de *matière vraiment utilisable* contenue dans 100 grammes de la denrée. C'est de cette matière réellement utilisable qu'il s'agit dans les chiffres de la ration moyenne que nous avons donnés plus haut. C'est aussi sur cette base que sont calculés les tableaux, destinés à l'usage des corps de troupe, que l'on trouvera plus loin.

Lorsqu'on connaît, d'après ces tables, la composition chimique d'une ration, rien de plus simple que de calculer la quantité d'énergie mise à la disposition de l'homme. Les physiologistes ont reconnu que 1 gramme de matière albuminoïde réellement utilisée, au cours des transformations normales qu'il subit dans le corps, développe une quantité d'énergie équivalente à 4,4 calories (1), 1 gramme de matière grasse utilisable fournit en moyenne 9,4 calories, 1 gramme de matière sucrée ou amylacée fournit 4,1 calories. Il suffit de multiplier le chiffre de chacun des principes nutritifs *utilisables* par le coefficient qui le concerne (mat. protéiques 4,4, mat. grasses 9,4, mat. amylacées 4,1) et d'additionner les résultats pour avoir en calories la valeur énergétique totale de la ration.

Exemples de calcul d'une ration en calories.

Ration.	Matières protéiques......	112 gr.×4,4=	492,8 cal.
	Matières sucrées.........	70 gr.×9,4=	658 —
	Matières amylacées.......	500 gr.×4,1=	2,050 —
	Valeur énergétique......		3,200,8 cal.

Ration.	Matières protéiques......	115 gr.×4,4=	506 cal.
	Matières grasses.........	72 gr.×9,4=	676,8 —
	Matières amylacées.......	540 gr.×4,1=	2,214 —
	Valeur énergétique......		3,396,8 cal.

Bien entendu, les limites approximatives de 3.200 à 3,400 calories, recommandées par la commission, ne sont que des moyennes, par homme et par jour, établies pour tout l'ensemble de l'armée française et pour les circonstances les plus diverses de la vie de garnison. Mais, il y a, suivant la constitution physique des hommes et suivant les fatigues qu'ils endurent, des différences individuelles ou temporaires très notables dont le commandement n'oubliera jamais de tenir compte.

Par exemple, dans les corps de troupe composés d'hommes

(1) On sait que la calorie (ou grande calorie) est la quantité de chaleur nécessaire pour élever, de 0° à 1° centigrade, la température de 1 kilogr. d'eau distillée (ou la quantité d'énergie équivalente sous une autre forme, l'énergie chimique des aliments par exemple).

de taille élevée ou soumis à une assez grande dépense de forces (cuirassiers, troupes d'artillerie, chasseurs alpins, etc.), on se rapprochera plutôt du chiffre supérieur (3,400 calories), qui pourra être au besoin dépassé. La cavalerie légère se contentera très facilement des chiffres inférieurs, etc.

Les jours où le service comporte des fatigues particulières, la ration sera renforcée, à l'aide des économies qui auront été réalisées antérieurement ; on utilisera avec profit le fromage, le sucre et le vin. Dans les garnisons exposées à un climat rigoureux, les périodes de grand froid comporteront une ration plus élevée, surtout en ce qui concerne les graisses et les matières amylacées.

Les principes, qui viennent d'être exposés et qui traduisent les notions physiologiques actuelles, devaient être portés à la connaissance des commandants de compagnie, non point sous la forme d'une règle absolue et immuable, mais à titre d'indication, afin de leur permettre d'organiser l'alimentation du soldat dans les conditions les plus profitables à la santé et à la vigueur des individus. Ce sera pour eux un simple guide, mais un guide précieux pour l'élaboration des menus d'ordinaires.

Afin de faciliter l'application pratique de la présente instruction, M. le sous-intendant militaire Retel, chef de la section technique de l'intendance, a fait établir un tableau, dit Tableau n° 1, indiquant la teneur moyenne en principes nutritifs, c'est-à-dire en matières protéiques, graisses, hydrates de carbone, de chacun des mets dont la formule est donnée par le livre de cuisine militaire. Il est évident que les morceaux de viande entrant dans la composition d'un de ces mets sont plus ou moins riches en graisses, en matières protéiques, suivant qu'ils proviennent d'animaux plus ou moins gras ou simplement des différentes parties d'un même animal, mais, par contre, les compagnies touchent tantôt un morceau, tantôt un autre, de sorte que, si l'on considère non un jour déterminé, mais l'alimentation d'une période assez longue, un mois par exemple, la valeur moyenne des morceaux perçus par les différentes compagnies tend à s'équivaloir. En se basant sur ces considérations et sur l'analyse de nouveaux prélevés sur différentes parties d'animaux livrés à divers corps de troupe, il a paru possible de déterminer la teneur moyenne en principes nutritifs d'un kilogramme de viande provenant d'un bovidé bien en chair, comme le prévoient les cahiers des charges des fournitures à faire à la troupe.

Pour la viande de mouton entrant dans la préparation des ragoûts, on a admis les mêmes coefficients que pour le bœuf.

Il faut, en effet, remarquer que si, dans la viande de mouton, le rapport de la viande aux os est plus élevé que pour la viande de bœuf, par contre les os du bœuf, en cuisant avec la viande, donnent de la gélatine qui, sans être un aliment de même valeur que les albuminoïdes musculaires, est cependant en partie assimilable.

Pour les plats de mouton composés d'une partie déterminée de l'animal (gigot, épaule), de même que pour tous les comestibles autres que les viandes de bœuf et de mouton (porc frais, poissons, pain, légumes, fruits, lait, fromages, etc.), les chiffres représentant le nombre de grammes de matières protéiques (ou albuminoïdes), de graisse, d'hydrate de carbone digestibles fournies en moyenne par 1 kilogr. brut de l'aliment considéré tel qu'il est acheté sur le marché, ont été empruntés aux tables dressées par M. Alquier.

Dans l'en-tête de la colonne verticale correspondant à chaque denrée figure, au-dessous du nom de cette denrée, le nombre de grammes de matières albuminoïdes, de graisse, d'hydrate de carbone digestibles contenus dans 1 kilogr. de cette denrée telle qu'elle est achetée sur le marché, compte tenu des déchets moyens résultant de sa préparation ; c'est ainsi que l'on trouve que 1 kilogr. de pommes de terre fournit, après épluchage et cuisson, 13 gr. 2 d'albuminoïdes digestibles, 0 gr. 8 de graisse, 153 gr. 1 d'hydrates de carbone; ce résultat suppose un déchet moyen d'épluchage de 24 p. 100 environ.

Sur la ligne horizontale correspondant à chaque mets, on trouve les denrées entrant dans la composition de ce mets, d'après les indications du livre de cuisine militaire; c'est ainsi que dans un plat de bœuf miroton (préparé pour 100 hommes) on voit qu'il entre 16 kilogr. de bœuf, 0 kg. 500 de saindoux, 3 kilogr. d'oignons. Toutefois, pour ne pas rendre trop considérable le nombre des colonnes, on n'a pas indiqué au tableau nº 1 les épices (sel, poivre, ail, safran, muscade, bouquets garnis) entrant dans la composition des plats. Dans les colonnes verticales 2, 3, 4, ont été inscrites (en grammes) les quantités totales d'albuminoïdes, graisse, hydrates de carbone que renferme chaque plat préparé pour 100 hommes; ces quantités résultent, comme il sera facile de s'en assurer, de l'addition des principes alimentaires contenus dans les denrées dont ce plat se compose.

Si les denrées entrant dans la composition des plats sont celles qui figurent au manuel de cuisine militaire et sont entre elles dans le rapport qu'indique ce volume, il y a certains mets dont le poids total n'est qu'une fraction de celui qu'indique le manuel de cuisine : ce sont le haricot de mouton, le cassoulet, l'épaule de mouton à la boulangère et à la bonne femme, les préparations aux haricots, aux lentilles, aux pommes de terre, les salades chaudes et froides, pour lesquels cette fraction est des deux tiers ; le ragoût de porc aux céleris-raves et le rôti de porc pour lesquels elle est des trois quarts. Le motif de cette réduction est qu'il est fort difficile, lorsqu'on prend pour ces plats les quantités portées au manuel de cuisine, d'arriver à composer des menus correspondant à un nombre journalier de calories compris entre 3,200 et 3,400. On a signalé, par une indication spéciale rappelée dans la colonne « Observations » du tableau, les mets pour lesquels il a été ainsi opéré et la fraction du poids indiqué par le manuel auquel chacun d'eux correspond.

Les plats dans la composition desquels entre une sauce spéciale sont marqués d'un astérisque ; dans la préparation des menus, il faut ajouter aux principes alimentaires du plat proprement dit ceux de la sauce qui le complète.

Le tableau n° 1 devra être complété dans chaque corps de troupe par une colonne faisant ressortir le prix de revient de chacun des mets, d'après la valeur des denrées entrant dans sa composition, aux tarifs des marchés passés par la commission des ordinaires. Il est facile, en effet, connaissant le poids des diverses denrées entrant dans la composition de chaque mets et le prix de chacune d'elles, de calculer le prix de revient du mets, et c'est là un renseignement fort important puisqu'il permet aux commandants de compagnie d'évaluer exactement la dépense qui devra résulter pour leur ordinaire du menu qu'ils auront choisi.

A l'aide du tableau n° 1 complété comme il vient d'être dit par le prix de revient des différents mets, le capitaine commandant la compagnie ou le lieutenant chargé de l'ordinaire établit à l'avance, pour chaque période de dix jours, le menu de l'unité, en ayant soin d'y tenir compte des distributions de conserves et autres denrées qui seront faites par l'administration militaire pendant la période considérée.

Pour cela, cet officier indique dans une colonne les plats qu'il choisit et porte au crayon, en face de chacun de ces plats, la quantité d'albuminoïdes, graisses, hydrocarbones qui lui correspond d'après le tableau n° 1, ainsi que son prix de revient. Il additionne ensuite les prix de façon à s'assurer que la dépense totale ne dépassera pas les allocations, c'est-à-dire la somme fixe que l'ordinaire peut dépenser journellement pour un homme multipliée par 1.000 (puisque le menu s'applique à la nourriture de 100 hommes pendant dix jours.) Cette première constatation faite, l'officier additionne les colonnes relatives à la teneur des divers plats en principes nutritifs et compare les totaux ainsi obtenus à la valeur alimentaire de 1.000 rations composées suivant les *desiderata* de la commission d'alimentation, savoir :

Albuminoïdes, 112,000 à 115,000.
Graisses, 70,000 à 72,000.
Hydrocarbones, 500,000 à 540,000.

Pour effectuer cette comparaison, il faut avoir soin d'ajouter aux principes alimentaires contenus dans le menu de dizaine, ceux des aliments distribués chaque jour aux hommes, et qui ne figurent pas dans ce menu, savoir : le pain de repas et le sucre (1). En supposant que la ration journalière renferme :

Pain de repas, 675 grammes ;
Sucre, 5 grammes.

on trouve pour ces aliments :

ALIMENTS.	RATION JOURNALIÈRE.	PRINCIPES ALIMENTAIRES UTILISABLES CONTINUES DANS 1.000 RATIONS.		
		Albuminoïdes	Graisse.	Hydrocarbones.
Pain de repas	0k,675	46,845	6,412	355,657
Sucre..............	0k,005	»	»	4,845
TOTAUX		46,845	6,412	360,502

En opérant ainsi pour le menu de la première dizaine du tableau n° 2, on obtient :

(1) Nous ne faisons pas entrer en compte le café, malgré son action physiologique, parce que les diverses substances que contient l'infusion, en quantité d'ailleurs fort minime, ne peuvent être comparées, en raison de leur nature chimique, aux matériaux alimentaires proprement dits.

	ALBUMINOÏDES.	GRAISSE.	HYDROCARBONES.
Menu de dizaine du tableau nº 2..	67,194	65,472	155,513
Aliments en dehors du menu (pain de repas, sucre)................	46,845	6,412	360,502
TOTAUX..............	114,039	71,884	516,015

Si le poids total des albuminoïdes est sensiblement inférieur à 112,000 grammes ou fortement supérieur à 115,000 grammes, l'officier chargé de la préparation du menu modifiera quelques-uns des plats de façon à ramener le total des albuminoïdes entre ces deux chiffres ; il agira de même si le total des graisses n'est pas compris entre 70,000 et 72,000 grammes, le total des hydrocarbones entre 500,000 et 540,000 grammes.

Il ne restera plus ensuite qu'à mettre le menu de dizaine en concordance avec le tableau de service de la compagnie, en faisant consommer les plats les plus riches en graisses notamment les jours de grande fatigue, marche militaire, service en campagne, etc.

Cette préparation des menus est en réalité très simple et ne demande pas plus d'une heure de travail à l'officier qui en est chargé, surtout s'il a sous les yeux une série de menus tout faits s'appliquant par exemple à l'ensemble d'un mois. Le menu ainsi établi s'applique à un effectif de 100 hommes ; il faut maintenant établir les bons relatifs aux denrées journalières à percevoir à la commission des ordinaires pour l'effectif réel de la compagnie. Supposons que les repas du lendemain se composent des plats ci-après :

Matin.................... { Potée à la charcutière. Fromage blanc.

Soir..................... { Potage croûte au pot. Bœuf bouilli. Pommes de terre frites.

Le caporal d'ordinaire trace, au moyen du tableau nº 1, autant de colonnes qu'il y a de denrées différentes à prendre en laissant de côté celles (oignon par exemple) dont le cuisinier possède une provision que l'on renouvelle lorsqu'elle est près d'être épuisée. Puis, à l'aide du tableau nº 1, il porte dans chaque colonne la quantité de denrées nécessaires pour chaque plat et pour 100 hommes.

Il totalise ensuite chaque colonne et, par un calcul très sim-

*

ple, détermine la quantité, proportionnelle à l'effectif des hommes présents vivant à l'ordinaire, des denrées à demander sur le bon.

DENRÉES.	PAIN.	TÊTE de porc.	POMMES DE TERRE.	CHOUX.	CAROTTES.	NAVETS.	POIREAUX.	CÉLERI.	VIANDE de bœuf.	SAINDOUX.	FROMAGE blanc.
Potée à la charcutière..	5	25	15	25	4	1	2	»	»	»	»
Fromage blanc........	»	»	»	»	»	»	»	»	»	»	4
Potage croûte au pot..	5	»	»	6	4	2	1	0,500	»	»	»
Bœuf bouilli...........	»	»	»	»	»	»	»	»	16	»	»
Pommes de terre frites.	»	»	40	»	»	»	»	»	»	1,5	»
TOTAUX.......	10	25	55	25	8	3	3	0,500	16	1,5	4

Soit une compagnie ayant 115 hommes vivant à l'ordinaire pour la journée en question, le bon de denrées sera le suivant :

BON DE DENRÉES

Pain.................	11k,500	Navets...............	3k,500
Pommes de terre.....	63k	Poireaux.............	3k,500
Choux................	35k,500	Céleri................	0k,600
Carottes.............	9k,200	Saindoux.............	1k,700

Pour la préparation des plats prévus, il y aura lieu d'ajouter à ces quantités :

1° La viande à percevoir chez le boucher, soit :

Bœuf................	18k,400	Têtes de porc (non désossées)........	28k,800

2° Le fromage blanc à acheter en ville :

Fromage blanc...... 4k,600

Pour faciliter la préparation des menus, le tableau n° 2 donne, à titre d'exemple, trois menus de dizaine s'appliquant à l'ensemble d'un mois. En supposant, comme plus haut, que le pain de repas soit perçu à raison de 675 grammes, le sucre et le café à raison de 5 grammes par homme et par jour, ces menus fourniront en moyenne, par homme et par jour, en principes alimentaires utilisables :

Albuminoïdes, 112 gr. 94 ;
Graisses, 70 gr. 84 ;
Hydrates de carbone, 512 gr. 73,

ce qui correspond à 3,265 calories utilisables.

L'application du tableau n° 1 à la préparation des menus ne tend nullement à restreindre la large initiative laissée aux commandants d'unités par la circulaire ministérielle du 22 novembre 1908, insérée en tête du *Livre de cuisine militaire ;* elle a pour but de leur permettre de faire l'usage le plus convenable de ce manuel en se rendant compte, d'une façon précise et à l'avance, de la valeur alimentaire et du prix de revient des menus qu'il permet de composer. Et si les commandants d'unités sont amenés exceptionnellement à faire usage, pour l'alimentation de leur compagnie, de préparations qui n'y sont pas décrites, ils pourront facilement, en appliquant aux denrées entrant dans ces préparations les coefficients indiqués au tableau n° 1, se rendre compte très approximativement de leur valeur alimentaire réelle et déterminer dans quelle mesure il convient de les employer.

Les conseils qui viennent d'être ainsi donnés pourront paraître, à première lecture, un peu minutieux ; mais on ne tardera pas à se convaincre, par l'expérience, de leur simplicité réelle et de leur caractère pratique. L'influence primordiale de l'alimentation sur la santé de l'homme est aujourd'hui reconnue dans tous les milieux. Individus ou collectivités doivent se conformer le mieux possible, en vue de leur bien-être, aux indications fournies à cet égard par la physiologie. Et si, dans cet ordre d'idées, l'armée donne l'exemple, elle n'aura pas seulement, ce qui est un de ses devoirs essentiels, développé la vigueur physique de ses soldats, elle leur aura enseigné une fois de plus de précieuses notions d'hygiène dont ils recueilleront plus tard les bienfaits.

Paris, le 19 juillet 1909.

Le Sous-Secrétaire d'Etat
au ministère de la guerre,

HENRY CHÉRON.

TABLEAU N° 1.

ORDINAIRES

Valeur alimentaire des mets décrits dans le « Manuel de cuisine en garnison ».

NOTA. — Les mets, en face desquels se trouve un astérisque, doivent être complétés par une sauce dont la composition et la valeur alimentaire sont données sous la rubrique : « Formules complémentaires ». Cette valeur alimentaire doit être ajoutée à celle du mets proprement dit.

Une indication portée dans la colonne « Observations » signale les potages qui se confectionnent avec du bouillon, et ceux dans la composition desquels on peut faire entrer à volonté du bouillon ou de l'eau.

Pour les apprêts de poissons et de viandes, l'indication « légumes » portée dans la colonne « Observations » signale ceux dans lesquels la proportion légumes est assez grande pour qu'il ne soit pas indispensable d'y ajouter dans la composition du repas, un plat spécial de légumes.

NOMENCLATURE DES PLATS.	VALEUR ALIMENTAIRE. Albuminoïdes.	Graisses.	Hydrocarbures.	OBSERVATIONS.
Albuminoïdes				
Graisses				
Hydrocarbures				
Alcool				
Potages.				
Pot-au-feu	398	78	4,100	
Potage croûte au pot	398	78	4,100	
— aux pâtes d'Italie	401	41	3,196	
— au vermicelle	401	48	3,126	
— à la semoule	92	58	3,640	
— au tapioca	211	35	3,497	
— au riz	398	33	3,196	
Soupe aux choux et aux pommes de terre	555	72	4,131	Avec porc salé.
Potée à la charcutière (repas complet)	2,062	3,325	7,197	
Soupe paysanne au pois	798	398	4,632	Bouillon ou eau.
— — au riz	391	544	3,522	Id.
Potage parisien	744	344	4,391	Id.
— oseille et vermicelle	321	494	2,101	Id.
— Mussolini	114	492	2,727	
— Pithiviers	630	1,176	2,598	
— julienne au riz	330	560	2,691	Id.
— Margery	94	368	2,397	
— Condé	228	365	1,764	
— velours	446	965	2,554	
— purée Crécy	482	441	4,104	
— Crécy à la paysanne	343	494	3,989	
— Parmentier	805	685	3,748	
— purée de pois au croûtons	1,357	496	5,752	
— purée à la chiffonnade et au riz	1,045	649	5,990	
— Fontanges ou julienne purée	901	489	3,179	
— purée potiron à la paysanne	843	598	3,409	
— purée potiron à la Champenoise	306	498	2,724	
— à l'oignon	730	312	4,865	
— Tourin au vermicelle	496	324	4,182	
— à la farine	348	714	2,772	
Garbure languedocienne	750	1,112	4,879	
Soupe de tomates au riz	259	414	2,654	
— au vermicelle	330	414	2,587	
— au tapioca	182	380	2,843	
Soupe antillaise	253	507	2,311	
Œufs.				
Œufs durs à la fermière	2,118	2,314	1,446	
— à la tripe	1,970	4,795	2,373	
— à la diable	1,774	2,402	1,965	
— à la bourguignonne	1,684	1,781	1,107	
Œufs durs à la maître-d'hôtel	1,938	1,320	440	
— — macaroni	715	500	3,014	
Pain d'œufs au fromage et au lard	2,131	2,110	139	
Œufs frits aux tomates et au cresson	1,713	2,401	681	
*Œufs froids à la tartare	2,056	1,460	2,297	
Poissons.				
*Colin chaud sauce Gribiche	4,202	42	»	
Colin boulangère	2,489	599	2,400	
Colin à la provençale	2,502	603	748	
*Congre ou anguille de mer, sauce ravigote	2,224	672	»	
Poissons frits	2,290	480	231	
Sardines fraîches à la maître-d'hôtel	5,013	2,068	»	
Harengs à la lyonnaise	2,612	1,350	911	
Harengs sauce moutarde	2,520	1,241	194	
*Morue gratinée à la Béchamel	3,326	172	134	
*Matelote à la marinière	1,907	918	1,320	
Morue en bouillabaisse	2,196	502	5,908	Légumes.
Salade de morue chaude	3,790	1,430	6,279	Id.

A. — Les quantités de denrées qui entrent dans la composition de ces plats figurent au présent tableau dans la proportion des 2/3 des quantités correspondantes indiquées au livre de cuisine militaire pour chacun de ces plats.
La valeur alimentaire est calculée également dans la proportion des deux tiers.

B. — Les quantités de denrées qui entrent dans la composition de ces plats sont portées au présent tableau dans la proportion des 3/4 des quantités correspondantes indiquées au livre de cuisine militaire pour chacun de ces plats.
La valeur alimentaire est calculée également dans la proportion des trois quarts.

NOMENCLATURE DES PLATS.	VALEUR ALIMENTAIRE Albuminoïdes.	Graisse.	Hydrocarbonés.	PRIX DES DENRÉES.	PAIN.	VIANDE.	LANGUE DE BŒUF.	[illegible] DE MOUTON.	GIGOT DE MOUTON.	[illegible]	LAPIN.	[illegible]	LARD [illegible]	[illegible]	TÊTE DE PORC [illegible]	[illegible]	[illegible]	LAIT (litres).	BEURRE.	POMMES DE TERRE.	PURÉE de pommes de terre.	CHOUX.	[illegible]	CAROTTES.	NAVETS.	OIGNONS.	RIZ.	HARICOTS.	LENTILLES.	POIS CASSÉS.	[illegible]	TOMATES FRAÎCHES.	[illegible]	CÉLERI-RAVE.	FARINE.	[illegible]	[illegible]	VINAIGRE (litres).	CORNICHONS.	MOUTARDE.	[illegible]	FROMAGE GRUYÈRE.	VIN (litres).	COGNAC.	OBSERVATIONS.
…des	»	»	»	»	83,4	144,1	151,4	164,1	135,6	111,6	134,2	267,7	18,8	10,7	48,6	2,4,9	122,4	30,8	7,4	13,2	21,7	11,7	10,1	7,6	8 5	65,2	71,9	174,7	2?4,0	488,4	9,2	7,2	20,0	11,4	101,2	101,2	»	»	5,5	12,3	14,8	274,3	»	»	
…	»	»	»	»	9,5	162,9	73,2	208,7	147,2	253,1	54,5	79,7	342,8	922,0	137,2	215,7	103,5	35,9	796,2	0,8	0,9	1,9	1,3	2,0	1,2	5,5	13,6	23,1	23,1	11,8	1,4	3,0	5,4	1,0	10,0	4,67	900,0	»	2,9	48,0	1,8	243,4	»	»	
…ures	»	»	»	»	196,9	»	»	»	»	»	»	»	»	»	»	»	»	49,7	4,9	173,1	206,2	44,1	70,2	79,8	56,1	603,4	725,9	274,0	274,0	610,8	30,7	27,0	72,9	76,9	727,3	727,3	»	18,6	20,8	70,9	26,2	28,6	22,5	7,1	
…	»	»	»	»	»	»	»	»	»	»	»	»	»	»	»	»	»	»	»	»	»	»	»	»	»	»	»	»	»	»	»	»	»	»	»	»	»	»	»	»	»	»	61,2	411,0	

Apprêt des viandes.

Légumes et pâtes.

NOMENCLATURE DES PLATS	VALEUR ALIMENTAIRE. Albuminoïdes.	Graisse.	Hydrocarbonés.
Albuminoïdes	»	»	»
Graisse	»	»	»
Hydrocarbonés	»	»	»
Alcool	»	»	»
Légumes et pâtes (*Suite*)			
Choux rouges à l'alsacienne	672	929	3,936
*Choux-fleurs à la vinaigrette	124	81	1,357
*Choux-fleurs à la sauce blanche	396	82	1,337
*Choux-raves au blanc	305	66	2,465
Choucroute braisée	543	2,249	[illegible]
Céleri à l'espagnole	562	476	3,006
Céleri à la sauce blanche	789	790	3,301
*Artichauts à la sauce blanche	124	12	706
*Artichauts froids sauce Gribiche	128	12	709
Pois frais au lard ou bonne	441	1,251	2,9[illegible]
Salades cuites	377	373	3,086
Purée de céleri	309	313	2,869
Salades cuites avec pommes de terre	234	312	2,407
Purée d'oignons au riz	934	686	3,311
Macaroni à l'italienne	580	1,277	4,330
— au gratin	1,093	867	4,342
— à la napolitaine	677	625	4,462
— à la fermière	1,092	1,142	4,315
Riz Pilaf	432	762	4,333
Le Risotto	586	642	4,346
Risotto à la napolitaine	557	646	4,335
Riz au lard à la paysanne	463	675	4,385
Salades chaudes et froides.			
Salades de pommes de terre … A.	399	921	3,384
— de haricots blancs … A.	1,295	935	4,491
— de lentilles … A.	1,895	961	3,605
— de pommes de terre et haricots blancs … A.	779	936	4,944
— de pommes de terre et de lentilles … A.	677	923	4,166
— panachée pour l'hiver … A.	671	920	3,877
— grenadières … A.	367	978	3,167
Entremets.			
Riz au lait	698	447	3,980
Gâteau de riz à la confiture	652	402	5,430
Gâteaux au plat	576	561	2,964
Pommes au riz	445	256	4,977
Gâteau de pommes à la ménagère	260	252	2,117
Pommes à la bonne femme	337	235	4,161
*Beignets de pommes	35	26	1,329
Compote de poires au vin rouge	46	26	2,324
FORMULES COMPLÉMENTAIRES.			
Sauces chaudes.			
Sauce charcutière	97	201	342
— à la hussarde	362	320	771
— à la lyonnaise	294	361	2,491
— piquante	101	370	770
— Robert	270	393	1,682
— tomates avec purée de conserves	154	245	1,809
— — avec tomates fraîches	124	252	1,404
Fondue de tomates	174	485	1,733
Sauce blanche dite Béchamel	201	190	635
— à la moutarde	147	238	354
Sauce ravigote chaude	70	455	642

NOMENCLATURE DES PLATS.	VALEUR ALIMENTAIRE. Albuminoïdes.	Graisse.	Hydrocarbones.	PRIX DES DENRÉES.	SAINDOUX.	ŒUFS.	OIGNONS.	FARINE.	HUILE.	VINAIGRE (litres).	CORNICHONS.	MOUTARDE.	ÉCHALOTES.	POMMES.	FROMAGE BLANC.	FROMAGE GRUYÈRE.	FROMAGE PONT-L'ÉVÊQUE.	FROMAGE PORT-SALUT.	FROMAGE CAMEMBERT.	FROMAGE DU PAYS.	VIN (litres).	OBSERVATIONS.
Albuminoïdes	»	»	»	»	10,7	122,4	64,2	101,2	»	»	5,5	52,3	8,2	2,1	313,5	274,3	188,9	218,9	197,1	203,0	»	
Graisse	»	»	»	»	893,0	103,5	5,5	10,0	900,0	»	2,9	45,9	1,2	2,2	50,2	243,4	227,6	257,0	233,6	229,0	»	
Hydrocarbones	»	»	»	»	»	»	603,4	727,3	»	15,6	29,8	70,9	134,6	117,8	17,0	25,0	62,8	18,7	40,4	52,0	22,5	
Alcool	»	»	»	»	»	»	»	»	»	»	»	»	»	»	»	»	»	»	»	»	67,2	
Sauces froides.																						
Sauce vinaigrette	»	2,700	23	»	»	»	»	»	3,000	1,500	»	»	»	»	»	»	»	»	»	»	»	
— Gribiche	119	1,876	339	»	»	0,610	0,500	»	2,000	1,000	0,250	0,200	»	»	»	»	»	»	»	»	»	
— mayonnaise	138	3,268	39	»	»	0,915	»	»	3,500	0,200	»	0,500	»	»	»	»	»	»	»	»	»	
— tartare	139	3,268	45	»	»	0,915	»	»	3,500	0,200	0,200	0,500	»	»	»	»	»	»	»	»	»	
— mousquetaire	171	3,271	368	»	»	0,915	0,500	»	3,500	0,400	»	0,500	0,100	»	»	»	»	»	»	»	0,500	
— aux pommes à la suédoise	144	3,274	422	»	»	0,915	»	»	3,500	0,700	»	0,500	»	3,000	»	»	»	»	»	»	1	
Pâtes.																						
Pâtes à frire pour différents usages	127	193	909	»	»	»	»	1,250	0,200	»	»	»	»	»	»	»	»	»	»	»	»	
Pâte ordinaire pour pâtés de viande chauds et froids	416	933	2,909	»	1,000	»	»	4,000	»	»	»	»	»	»	»	»	»	»	»	»	»	
Pâte demi-feuilletée pour pâtés chauds ou tartes aux fruits	329	2,173	2,182	»	2,400	»	»	3,000	»	»	»	»	»	»	»	»	»	»	»	»	»	
Fromages.																						
Fromage blanc	1,254	201	68	»	»	»	»	»	»	»	»	»	»	»	4	»	»	»	»	»	»	
— de Gruyère	685	609	63	»	»	»	»	»	»	»	»	»	»	»	»	2,500	»	»	»	»	»	
— de Pont-l'Évêque	472	569	157	»	»	»	»	»	»	»	»	»	»	»	»	»	2,500	»	»	»	»	
— de Port-Salut	541	643	47	»	»	»	»	»	»	»	»	»	»	»	»	»	»	2,500	»	»	»	
— de Camembert	493	584	101	»	»	»	»	»	»	»	»	»	»	»	»	»	»	»	2,500	»	»	
— de pays	508	573	130	»	»	»	»	»	»	»	»	»	»	»	»	»	»	»	»	2,500	»	
Boissons.																						
Vin (litre)	»	»	140	»	»	»	»	»	»	»	»	»	»	»	»	»	»	»	»	»	»	
Bière française (litre)	»	»	129	»	»	»	»	»	»	»	»	»	»	»	»	»	»	»	»	»	»	
Cidre (litre)	»	»	82	»	»	»	»	»	»	»	»	»	»	»	»	»	»	»	»	»	»	

TABLEAU N° 2.

(Ce tableau n'est qu'un simple exemple.)

1re dizaine.

	ALBUMINOÏDES.	GRAISSES.	HYDROCARBONES.	OBSERVATIONS.
1er Matin.				
Potage Parmentier.........	555	665	3,790	
Conservé miroton..........	2,986	1,268	2,626	
Lentilles maître d'hôtel....	1,251	319	3,672	
Soir.				
Pot-au-feu...............	548	72	4,008	
Bœuf sauce piquante......	2,407	2,012	776	
Choux braisés.............	529	816	2,545	
2e Matin,				
Soupe aux choux et aux pommes de terre............	555	73	4,131	
Epaule de mouton boulangère....................	1,668	2,169	3,866	
Fromage de Gruyère.......	685	609	62	
Soir.				
Potage Monselet...........	144	466	2,727	
Bœuf rôti..................	2,307	1,798	»	
Purée pois cassés..........	1,273	338	4,453	
3e Matin.				
Potée à la charcutière......	2,066	3,565	7,160	
Fromage blanc.............	1,254	201	68	
Soir.				
Potage croûte au pot.......	548	78	4,008	
Bœuf bouilli..............	2,306	1,642	»	
Pommes de terre frites.....	362	914	4,082	
4e Matin.				
Soupe paysanne au pain...	558	518	4,642	
Rôti de porc..............	1,332	3,877	»	
Choux braisés............	529	816	2,546	
Soir.				
Potage vermicelle..........	431	69	3,129	
Ragoût de mouton au riz...	2,743	1,993	4,172	
Fromage de Gruyère.......	685	609	62	
5e Matin.				
Soupe antiboise...........	262	597	2,511	
Colin sauce gribiche.......	2,371	2,918	339	
Carottes au blanc.........	566	383	4,513	
Soir.				
Potage julienne riz........	310	510	2,620	
Hachis de bœuf de conserve.	2,814	1,177	1,090	
Haricots blancs maître d'hôtel..........................	1,190	333	4,207	
A reporter...	35,235	30,805	77,805	

	ALBUMINOÏDES.	GRAISSES.	HYDROCARBONES.	OBSERVATIONS.
Report...	35,235	30,805	77,805	
6e *Matin.*				
Pot-au-feu................	548	78	4,008	
Bœuf miroton............	2,615	2,113	2,626	
Choucroute braisée.........	513	2,249	2,553	
Soir.				
Potage Condé.............	238	393	1,768	
Bœuf rôti................	2,307	1,798	»	
Pommes de terre frites.....	362	914	4,082	
7e *Matin.*				
Potage purée Crécy........	442	441	4.164	
Civet de lapin.............	3,276	1,487	1,638	
Purée de pommes de terre.	415	676	4,165	
Soir.				
Potage oseille et vermicelle.	321	494	2,440	
Ragoût de bœuf fermière..	2,597	2,090	2,731	
Pois frais au lard..........	441	551	2,109	
8e *Matin.*				
Croûte au pot.............	548	78	4,008	
Porc rôti..................	1,332	3,877	»	
Choux rouges à l'alsacienne.	622	829	3,936	
Soir.				
Soupe à l'oignon..........	590	512	4,885	
Ragoût de mouton aux légumes..................	2,628	1,939	3,151	
9e *Matin.*				
Potage tapioca............	211	35	3,487	
Bœuf bouilli..	2,306	1,642	»	
Pommes de terre frites....	362	914	4,082	
Soir.				
Potage oseille et vermicelle.	321	494	2,440	
Bœuf sauce charcutière....	2,403	2,133	543	
Riz Pilaff....	432	763	4,233	
10e *Matin.*				
Potage Parmentier.........	555	665	3,790	
Ragoût de bœuf hongroise.	2,680	2,118	3,055	
Fromage de Gruyère.......	685	609	62	
Soir.				
Pot-au-feu................	548	78	4,008	
Porc rôti.................	1,332	3,877	»	
Salade de pommes de terre.	329	920	3,784	
TOTAUX...	67,194	65,472	155,513	
Pain, sucre...............	46,845	6,412	360,502	
TOTAUX GÉNÉRAUX....	114.039	71,884	516,015	

TABLEAU N° 2.

(Ce tableau n'est qu'un simple exemple.)

2e *dizaine.*

	ALBUMINOÏDES.	GRAISSES.	HYDROCARBONES.	OBSERVATIONS.
1er ***Matin.***				
Julienne au riz	310	510	2,620	
Bœuf rôti	2,307	1,798	»	
Pommes purée	415	676	4,165	
Soir.				
Potage croûte au pot	548	78	4,008	
Ragoût de bœuf à la hongroise	2,680	2,118	3,055	
Fromage de Gruyère	685	609	62	
2e ***Matin.***				
Soupe aux choux et aux pommes de terre	555	73	4,131	
Ragoût de porc aux céleris-raves	1,570	3,899	1,591	
Salades cuites aux pommes de terre	234	375	2,077	
Soir.				
Potage oseille et vermicelle	321	494	2,440	
Bœuf sauce piquante	2,407	2,012	776	
Pommes maître d'hôtel	424	495	3,738	
3e ***Matin.***				
Haricot de mouton	2,802	1,474	4,835	
Fromage de Gruyère	685	609	62	
Soir.				
Potage parisien	544	514	4,381	
Bœuf sauce piquante	2,407	2,012	776	
Navets paysanne	443	625	3,144	
4e ***Matin.***				
Soupe à l'oignon	590	512	4,885	
Ragoût de bœuf hongroise	2,680	2,118	3,055	
Soir.				
Potage potiron champenoise	306	494	2,554	
Gibelotte lapin ménagère	3,336	1,491	2,772	
Choux braisés	529	816	2,546	
5e ***Matin.***				
Potage tapioca	211	35	3,487	
Colin boulangère	2,480	598	2,436	
Choucroute braisée	513	2,249	2,553	
Soir.				
Soupe antiboise	262	597	2,511	
Bœuf sauce Robert	2,515	2,038	1,621	
Pommes de terre frites	362	914	4,082	
A reporter...	33,151	30,233	74,363	

	ALBUMINOÏDES.	GRAISSES.	HYDROCARBONES.	OBSERVATIONS.
Report...	33,151	30,233	74,363	
6e *Matin.*				
Potage velours...........	446	969	2,551	
Bœuf rôti...............	2,307	1,798	»	
Purée de pommes de terre.	415	670	4,165	
Soir:				
Potage parisien...........	544	514	4,381	
Œufs à la tripe...........	1,876	1,785	2,373	
Navets à la paysanne.......	443	625	3,144	
7e *Matin.*				
Potage croûte au pot......	548	78	4,008	
Bœuf braisé à l'ancienne...	2,732	2,552	3,935	
Soir.				
Potage oseille et vermicelle.	321	494	2,440	
Bœuf sauce charcutière....	2,408	2,033	543	
Riz Pilaff................	432	763	4,233	
8e *Matin.*				
Potage Condé.............	238	393	1,768	
Ragoût de mouton aux choux-raves............	2,612	1,942	2,322	
Salades cuites aux pommes de terre...............	234	375	2,077	
Soir.				
Potage Parmentier.........	555	665	3,790	
Bœuf rôti.................	2,307	1,798	»	
Choux braisés.............	529	816	2,546	
9e *Matin.*				
Soupe à l'oignon..........	590	512	4,885	
Porc rôti.................	1,332	3,877	»	
Purée de pois cassés.......	1,273	338	4,453	
Soir.				
Soupe paysanne pain.......	558	518	4,642	
Hachis de bœuf conserve..	2,814	1,177	1,090	
Navets paysanne..........	443	625	3,144	
10e *Matin.*				
Potée charcutière.........	2,066	3,565	7,120	
Fromage de Gruyère.......	685	609	62	
Soir.				
Potage Monselet..........	144	466	2,727	
Civet de lapin............	3,276	1,487	1,638	
Choucroute braisée........	513	2,249	2,553	
TOTAUX........	65,787	63,932	150,953	
Pain, sucre..............	46,845	6,412	360,502	
TOTAUX GÉNÉRAUX....	112,632	70,344	511,455	

TABLEAU N° 2.

(Ce tableau n'est qu'un simple exemple.)

3e dizaine.

	ALBUMINOÏDES.	GRAISSES.	HYDROCARBONES.	OBSERVATIONS.
1er *Matin.*				
Potage Pithiviers	630	1,178	2.548	
Bœuf bourguignonne aux carottes	2,514	2,114	1.865	
Salade de pommes de terre	329	721	3,784	
Soir.				
Potage Marguery	94	368	2,357	
Epaule de mouton à la bonne femme	2.615	2,354	4,413	
Fromage de Gruyère	635	609	62	
2e *Matin.*				
Potage potiron à la champenoise	306	494	2,554	
Bœuf miroton	2,615	2,113	2,626	
Céleri à l'espagnole	562	496	3,006	
Soir.				
Soupe de tomates au vermicelle	339	414	2,557	
Œufs à la bourguignonne	1,624	1,721	1,107	
Macaroni à la fermière	1,092	1,145	4.215	
3e *Matin.*				
Potage velours	446	969	2,551	
Ragoût de mouton aux salsifis	2,662	1,987	1,998	
Gâteau de pommes à la ménagère	260	252	2,117	
Soir.				
Potage Pithiviers	630	1,178	2,548	
Colin à la provençale	2,352	603	788	
Salade grenadière	357	978	3,168	
4e *Matin.*				
Potage Crécy à la paysanne	343	424	3,569	
Bœuf rôti ou rosbif	2,307	1,798	»	
Salade panachée	671	950	3,827	
Soir.				
Soupe de tomates au riz	299	418	2,604	
Bœuf bouilli	2,306	1,642	»	
Pommes de terre à la paysanne	441	476	4,723	
5e *Matin.*				
Potage Condé	238	393	1,768	
Cassoulet	3,371	2,274	5.740	
Soir.				
Potage oseille et vermicelle	321	494	2.440	
Bœuf sauce tomates	2,460	1,903	1,104	
Pommes de terre à la maître d'hôte	424	495	3,738	
A reporter	33,303	31,161	83,777	

	ALBUMINOÏDES.	GRAISSES.	HYDROCARBONES.	OBSERVATIONS.
Report...	33,303	31,161	83,777	
6e *Matin.*				
Potage Monselet...........	144	466	2,727	
Bœuf à la bourguignonne..	2,564	2,111	2,292	
Salade de pommes de terre.	329	921	3,784	
Soir.				
Potage au vermicelle......	431	69	3,129	
Epaule de mouton à la boulangère....	1,668	2,169	3,866	
Fromage de Gruyère.......	685	609	62	
7e *Matin.*				
Potage Marguery..........	94	368	2,357	
Bœuf rôti................	2,307	1,798	»	
Purée de pois cassés.......	1,273	338	4,453	
Soir.				
Potage purée Crécy........	442	441	4,164	
Œufs à l'oseille...........	1.974	2,012	1,995	
Fromage de pays..........	508	573	130	
8e *Matin.*				
Potage velours............	446	969	2,551	
Ragoût de mouton au riz..	2,743	1,993	4,172	
Fromage de Gruyère.......	685	609	62	
Soir.				
Soupe tomate au tapioca ..	162	386	2,843	
Congre sauce ravigote......	2,348	1,105	542	
Haricots blancs à la bretonne.......	1,349	347	4,629	
9e *Matin.*				
Potage aux pâtes d'Italie...	460	44	3,196	
Porc rôti..................	1,332	3,877	»	
Purée de pommes de terre.	415	676	4,165	
Soir.				
Potage Condé..............	238	393	1,768	
Ragoût à blanc............	2,705	1,672	4,146	
Gâteau de pommes à la ménagère..................	260	252	2,117	
10e *Matin.*				
Soupe de tomates au vermicelle......	339	414	2,557	
Salade de bœuf pour l'été..	3,204	2,191	5,194	
Fromage de Gruyère.......	685	609	62	
Soir.				
Soupe paysanne au riz.....	391	514	3,822	
Ragoût de porc aux céleris-raves....	1,570	3,899	1,591	
Pommes de terre frites.....	362	914	4,082	
TOTAUX...	65,316	63,900	150,235	
Pain, sucre...............	46,845	6,412	360,502	
TOTAUX GÉNÉRAUX....	112,161	70,312	510,737	

Paris et Limoges. — Imprimerie et librairie militaires Henri CHARLES-LAVAUZELLE

Librairie militaire Henri CHARLES-LAVAUZELLE

Paris et Limoges.

REFONTE DU BULLETIN OFFICIEL DU MINISTÈRE DE LA GUERRE

Organisation de l'armée :

1re PARTIE. *Organisation générale* (à jour en octobre 1908.) 406 pages, cartonné . . . 3 »
2e PARTIE. *Cadres et effectifs* (à jour au 1er mai 1908.) 450 pages, cart. 3 25
3e PARTIE. *Administration de l'armée* (à jour au 1er juillet 1905.) 520 p. . 3 50

Personnel civil d'exploitation des établissements militaires. Dispositions relatives aux conditions du travail dans les marchés passés au nom de l'État. (Édition à jour des textes en vigueur jusqu'au 1er juillet 1906). 378 pages, cartonné . . . 2 75

Recueil, en textes authentiques, des lois intéressant l'armée, en vigueur au 1er janvier 1902 (1791 à 1901), 1116 pages, broché, 8 fr.; cartonné . . . 9 »

Pensions militaires. (Vol. arrêté à la date du 10 mai 1909). 280 pages. 2 25

Pensions et gratifications de réforme. (Volume arrêté à la date du 28 octobre 1907). 44 pages . . . » 50

Pensions civiles. (Volume arrêté à la date du 20 juin 1908). In-8° de 96 pages . . . » 75

Service des poudres et salpêtres (personnel et matériel) (à jour au 15 mai 1898). 264 pages, 2 fr.; relié toile . . . 3 »

Lois, Décrets, Instructions et Circulaires sur le recrutement de l'armée (à jour en juin 1902). 636 pages, cartonné . . . 4 50

Recrutement de l'armée. Dispositions générales. (Volume arrêté à la date du 15 février 1906.) 188 pages, cartonné . . . 1 50

Recrutement de l'armée. Allocations pour soutiens indispensables de famille. (Volume arrêté au 25 juin 1906.) 88 pages . . . » 75

Instruction du 22 octobre 1905 sur l'aptitude physique au service militaire. 60 pages, broché . . . » 50

Remonte générale à l'intérieur. (Volume arrêté à la date du 27 octobre 1902.) 322 pages . . . 2 50

Instruction du 19 décembre 1900 sur le service des remontes et des haras en Algérie et en Tunisie. 226 pag., br., 2 fr. 50; relié toile. 3 50

Remonte de la gendarmerie. (Volume arrêté à la date du 1er novembre 1903.) 16 pages, cartonné . . . » 25

Réquisitions. (Volume arrêté à la date du 1er octobre 1908.) 152 pages, cartonné . . . 1 50

Réquisitions militaires. Recensement et classement des animaux et des voitures. (Volume arrêté à la date du 15 avril 1909.) 144 pages. 1 50

Instruction du 28 décembre 1895 sur l'administration des hommes des différentes catégories de réserve dans leurs foyers. — Troupe. (à jour au 1er juin 1907). 416 pages, cartonné . . . 2 50

Officiers de réserve et officiers de l'armée territoriale et assimilés. Recrutement, répartition, administration, inspection, avancement, état des officiers, dispositions générales et dispositions spéciales à chaque arme ou service, avec annexe (officiers de réserve des troupes de la marine) et modèles. (Édition à jour des textes en vigueur jusqu'en août 1908.) 378 pages, cartonné . . . 2 50

Sapeurs-pompiers de la ville de Paris. Masse individuelle, tarifs de solde, description des uniformes (à jour au 15 octobre 1896). 92 pages, broché, 0 fr. 75; relié toile . . . 1 25

Instruction sur le service courant (du 10 février 1908). — 448 pages, cartonné . . . 3 »

Service courant. Tableau des pièces périodiques (à jour jusqu'en juin 1907), 146 pages, cartonné . . . 1 25

www.ingramcontent.com/pod-product-compliance
Ingram Content Group UK Ltd.
Pitfield, Milton Keynes, MK11 3LW, UK
UKHW020536230726
13925UKWH00005B/2317

9 782014 093193